PLUS

DE DISETTE

EN FRANCE.

SAINT-DENIS. — TYPOGRAPHIE DE PREVOT ET DROUARD.

PLUS

DE DISETTE

EN FRANCE

PAR

PAUL VÉRET, de Roye (Somme).

EXPLICATIONS	**EXPLICATIONS**
des causes qui en France ruinent le commerce des grains et l'agriculture en jetant en même temps tout le pays dans la gêne et la misère.	des moyens infaillibles d'empêcher cette gêne et cette misère, et de les remplacer au contraire par l'aisance et la prospérité.

NOUVELLE COMBINAISON

administrative et financière qui empêcherait la France,
tous les dix à quinze ans, de subir sur les céréales une perte énorme
de plus de 150 millions au profit de l'étranger.

Deuxième Édition.

PARIS.

CHEZ L'AUTEUR,

18, RUE MONTMARTRE.

1852.

PLUS

DE DISETTE

EN FRANCE.

Les céréales sont pour l'espèce humaine une base d'alimentation essentielle, indispensable; là où manquent les céréales, on voit inévitablement survenir la ruine et la misère; et la disette est pour les masses une si grande cause de perturbation, qu'elle entraîne toujours la haine et la jalousie d'une partie de la population contre l'autre, souvent même la chute des gouvernements; il est donc utile de rechercher, d'étudier les moyens de prévenir et d'empêcher le retour des années disetteuses.

Eviter l'avilissement du prix des céréales, afin de favoriser l'agriculture indigène; détourner les éventualités d'une hausse excessive, afin de préserver d'une ruine certaine la masse de la population, telles sont les deux questions que doit résoudre tout gouvernement soucieux de son existence.

Dans le but d'être utile à mon pays en hâtant cette solution, j'ai fait un travail dont je laisse l'appréciation au lecteur, et au gouvernement l'application. Ce travail comprend deux parties : la première est une énumération basée sur des faits matériels, et sous forme de questions, des nombreux abus qui résultent, soit des lois destinées à régler le commerce des céréales, soit de celles dont le but devrait être d'encourager et de faire prospérer l'agriculture ; dans la seconde partie, je recherche et j'indique les moyens de remédier à ces abus, et par conséquent aux maux qui en sont la suite inévitable.

PREMIÈRE PARTIE.

1° Pourquoi avons-nous, en France, des périodes de récoltes abondantes en céréales, qui, loin de faire prospérer l'agriculture et le commerce, ruinent à la fois, au contraire, et le producteur et le négociant?

2° Pourquoi les récoltes disetteuses font-elles monter, en France, les céréales à des prix excessifs qui ruinent les classes ouvrières et nécessiteuses?

3° Pourquoi le sol, dont la valeur primitive était de 600 fr. l'hectare, a-t-il acquis celle de 3 à 4,000 fr. et plus?

4° Pourquoi la France, lorsqu'elle fait d'abondantes récoltes, vend-elle à vils prix ses céréales à l'étranger, pour les racheter plus tard à des prix exorbitants?

5° Pourquoi la loi actuelle (l'échelle mobile), qui autrefois favorisait la culture indigène, est-elle aujourd'hui pour le producteur et pour le pays une cause de misère et de désastre?

Il résulte des statistiques reproduites par les journaux agricoles, qu'il se présente tous les quinze ans une année de disette, à la suite de laquelle le prix des céréales s'élève à un taux excessif et ruineux pour la population, tandis que ces intervalles de quinze ans sont remplis par des années d'abondance dont l'effet est d'abaisser le prix des céréales au point que le chiffre des dépenses de fermages, d'impôts et de culture, n'est plus couvert, et que cette abondance même devient une cause de ruine pour le producteur.

Ainsi, qu'il y ait abondance ou disette, la ruine est toujours inévitable ; seulement c'est le producteur qu'elle atteint dans le premier cas, tandis que, dans le second, c'est le consommateur qui la subit.

Ce dernier résultat est facile à comprendre ; mais ce qui l'est moins, ce qui doit paraître impossible, c'est la ruine du producteur par l'abondance ; et pourtant il n'est rien de plus exactement vrai.

Cette position anormale de la culture indigène ne saurait se prolonger davantage ; il est urgent d'y porter remède. Indiquons d'abord les causes qui l'ont fait dévier de sa voie naturelle pour la jeter sur la route vicieuse qu'elle parcourt aujourd'hui.

Quel rôle joue la France avec les céréales ? Nation de premier ordre, elle s'inspire de je ne sais quel esprit commercial pour faire justement le contraire de ce que font les autres nations : en effet, celles-ci ont le bon esprit de mettre en réserve des blés à bas prix, pour les revendre ensuite à des prix élevés ; la France, au contraire, dans ses années d'abondance, commence par exporter son trop plein de céréales à un prix ruineux pour sa culture ; puis, quand vient l'année de mauvaise récolte ou de disette, elle va racheter et importe, à des prix trois ou quatre fois plus élevés, la même quantité qu'elle a vendue, obérant ainsi outre mesure sa population ouvrière et indigente, en même temps qu'elle épuise ses finances en faisant passer de la sorte, chez l'étranger, une partie considérable de son argent.

Les autres pays achètent à bon marché pour vendre cher; la France vend à vils prix pour acheter à des prix excessifs. Telle est donc la position, voyons les conséquences.

Nous laissons au lecteur le soin d'apprécier le côté moral et lucratif de cet étrange esprit commercial; nous voulons seulement exposer avec franchise et vérité les effets désastreux d'un système qui, nous le pensons, et nous devons nous en féliciter, n'est suivi que pour les céréales.

Commençons par les années d'abondance, et afin de mettre nos lecteurs à même de mieux apprécier nos raisonnements, choisissons pour exemples les années 1847, 1848, 1849 et 1850, dont le souvenir est encore présent, et qui ont toutes donné des récoltes abondantes, dépassant la consommation du pays. Les excédants de chacune de ces années ayant amené l'encombrement dans le commerce de grains et de farine, le placement est devenu si laborieux, si impossible, que les céréales sont tombées, pendant tout cet intervalle, à des prix désespérants pour le commerce et pour l'agriculture.

Etablissons d'abord la position des commerçants en grains, puis celle des producteurs, afin de rechercher si l'incertitude de cette position doit être considérée comme le fait du négociant et du producteur, ou comme le résultat d'une organisation marchant dans une voie fausse et pernicieuse. Examinons ce qu'auraient dû faire les négociants, pendant les années d'abondance, pour gagner de l'argent, et constatons ce qu'ils ont tous fait pour en perdre plus ou moins.

Après avoir atteint des prix exorbitants, motivés par la disette de 1846 et surtout par notre imprévoyance, les céréales ont subi, à la suite de la récolte de 1847, une baisse énorme qui, jointe au retard des navires porteurs de blés achetés fort cher à l'étranger, est devenue pour les négociants français détenteurs de marchandises, une source de pertes immenses. La baisse n'ayant pas discontinué pendant les années 1847, 1848, 1849 et 1850, et la marchandise achetée la veille se vendant toujours à un prix moindre le lendemain, il en est résulté que la perte a été constante pour les détenteurs. Il fallait alors, dira-t-on, vendre à découvert des blés à livrer. Admettons un moment que ce genre d'opération, condamné par les tribunaux civils et de commerce, ait été pratiqué, et que les vendeurs et les acheteurs, également consciencieux, aient loyalement et fidèlement respecté leurs conventions ; la perte aurait seulement changé de mains ; il y aurait eu purement et simplement un déplacement de fonds de particulier à particulier ; et le commerce, en général, n'eût point été préservé d'une perte inévitable, puisque les derniers détenteurs auraient toujours été, comme nous le démontrerons, forcés de vendre à l'étranger, à un prix bien inférieur à celui d'achat. Les marchés à livrer à de hauts prix ne peuvent être une cause de prospérité pour le commerce de grains, en même temps que pour la France, qu'à la condition d'être traités avec les étrangers ; mais nos prix trop élevés, résultant de notre état anormal, nous ôtent toute possibilité de lier ces sortes d'affaires avec les autres pays qui, grâce à l'entrée des blés en franchise, reçoivent constamment à bon marché des blés de tous les points du globe. Le commerce de grains de France a, du reste, fait peu de marchés à livrer ; il a cru prudent, au contraire, de mettre abondamment des marchandises en magasin ; mais c'est précisément pour avoir mis beaucoup de blés en réserve, que tous les négociants ont perdu beaucoup d'argent, bien qu'ils n'aient commencé leur noyau qu'en 1848, au moment où les blés étaient tombés à 16 et à 18 francs l'hectolitre. Ces prix, comparés à ceux de 1846 (40 et 50 francs) présentaient une différence telle qu'ils devaient nécessairement croire à une sécurité parfaite dans leurs opérations. Cependant 1849 et 1850 sont venus accroître encore l'encombrement ; il en est résulté un avilissement dans les prix, et, par suite, un désarroi, un dégoût tels que les détenteurs, pour se débarrasser, consentaient aux plus grands sacrifices ; on ne voyait sur tous les marchés que des vendeurs et point d'acheteurs. Nous laissons à penser quelle activité devait régner alors dans les affaires céréales. De leur côté, les producteurs, effrayés de la mévente de leurs produits, voyant les détenteurs offrir, sans trouver preneurs, des marchandises à 3 et 4 francs de perte, et redoutant un avenir encore plus défavorable, se décidaient, quoique en se ruinant, à vendre à tous prix. La culture a donc, avec des récoltes abondantes, vendu pendant quatre années consécutives, ses céréales au-dessous du prix de revient ; elle s'est ruinée, au lieu de s'enrichir comme elle l'eût fait évidemment en vendant au-dessus.

Ce marasme dans les affaires s'est prolongé jusqu'au moment où l'avilissement du prix des céréales a éveillé l'attention de nos voisins (les Anglais). Ceux-ci se sont mis alors à faire des achats si considérables qu'ils ont emporté et emmagasiné chez eux, à très-bas prix, tous les excédants des récoltes abondantes de la France.

Ces exportations font à la vérité rentrer de l'argent dans le pays ; mais la perte n'en est pas moins réelle pour le producteur et pour le commerçant. Nous démontrerons en effet plus loin que le blé, y compris tous frais et déboursés, revient au producteur, de 15 à 16 francs l'hectolitre ; si donc les céréales ont été, pendant quatre ans, exportées en Angleterre aux prix de 12 et 14 fr., une ruine commune a dû atteindre et le producteur, et le négociant en grains qui a fait son noyau dans les prix de 16 à 18 francs ; plus les exportations ont eu d'importance, plus la perte a été considérable. Le commerce des grains et des farines a donc subi avec l'exportation, depuis quatre ans, des pertes énormes ; on va jusqu'à dire que, depuis 1846, la moitié de son capital a été absorbée. Ainsi, les années d'abondance, qui font la prospérité des autres nations, deviennent au contraire en France une source de désastres tant pour le producteur que pour le commerçant.

Examinons maintenant quel est pour ce producteur, que ruine une série de récoltes abondantes, le résultat de l'amélioration procurée au sol par ses soins et par ses travaux.

Le producteur français est essentiellement travailleur ; ses efforts tendent constamment à améliorer le sol, soit par des engrais, soit par une culture intelligente et habilement combinée ; à force de soins et de travaux, il est parvenu à fertiliser le territoire de la France au point que sa valeur est aujourd'hui le triple et même le quadruple de ce qu'elle était il y a soixante ans. Les propriétaires, qui avaient, à cette époque, pour cent mille francs de terre, en possèdent aujourd'hui pour quatre cent mille, grâce aux soins et aux labeurs du cultivateur fermier, dont la récompense consiste à se voir frapper d'une augmentation à chaque renouvellement de bail. Contrairement à ce qui a lieu pour l'ouvrier, qui est d'autant plus payé qu'il travaille davantage, c'est le fermier qui, à mesure qu'il augmente son travail et ses améliorations, est obligé de payer davantage celui-là même à qui profitent ces améliorations et ce travail.

On ne manquera point d'objecter que l'augmentation des fermages n'a pas, depuis soixante ans, empêché la culture de prospérer, puisque sa décadence ne date en réalité que de quelques années. Essayons de mettre au grand jour et les causes qui ont primitivement amené, dans cette période de soixante ans, une progression prospère de la culture , et celles qui ont ensuite transformé cette prospérité en un état voisin de la détresse.

Trois causes principales nous paraissent avoir amené, la prospérité de la culture :

1° Le producteur, favorisé d'abord par des fermages minimes et par des baux très-longs, a dû bénéficier un certain temps de cette position, n'ayant subi que tardivement la progression ascendante du taux des fermages, arrivée aujourd'hui à un degré exorbitant.

2° Les guerres depuis 1793 jusqu'en 1814, ont interrompu, en fermant les mers, nos relations commerciales avec l'étranger, empêché tout apport et par conséquent toute concurrence de sa part, et maintenu à un prix constamment élevé les blés de nos marchés qui suffisaient tout au plus à la consommation.

3° Comme, à partir de 1814, la paix européenne devait ramener la concurrence des blés étrangers, et qu'il n'était plus possible d'augmenter la valeur de la terre, ni même de conserver celle acquise, nos représentants d'alors, qui avaient été nos gros seigneurs d'autrefois, trouvèrent tout naturel de créer une loi dont l'exécution devait, dans un temps donné, non-seulement conserver, mais encore doubler et quadrupler leur fortune.

Cette loi est celle qui établit l'échelle mobile, organisée, dans l'intérêt de la propriété, sur les bases suivantes :

1° Lorsque les céréales sont à bas prix en France, droits considérables (équivalant à une prohibition) sur l'entrée des blés étrangers.

2° Entrée des blés étrangers en franchise, lorsque, à la suite d'une mauvaise récolte en France, les blés s'élèveraient à plus de 22 à 24 fr. l'hectolitre.

Il est facile de voir qu'à l'origine, cette loi, interdisant l'entrée des blés étrangers lorsque les blés indigènes seraient à bas prix, favorisait singulièrement notre culture, encore dans l'enfance, qui produisait à peine alors les deux tiers de la consommation du pays; car on lui garantissait, sans aucune concurrence, la vente assurée et facile de tous ses produits; et comme, en outre, la production, à cette époque, était, ainsi que nous venons de le dire, inférieure aux besoins de la consommation, les cours s'élevaient nécessairement à un taux qui permettait aux blés étrangers d'acquitter les droits énormes auxquels ils étaient soumis; ou plutôt les céréales, ce qui devait arriver le plus souvent, atteignaient ce taux de 22 à 24 fr., auquel la loi de l'échelle mobile accorde aux étrangers la faveur d'entrer leurs blés en franchise. Les effets des guerres et de cette loi ayant procuré aux fermiers la vente de leurs blés à un prix plus élevé qu'auparavant, c'est donc là surtout qu'il faut chercher le point de départ de la progression prospère de la culture et de la plus value du sol.

Mais cette loi d'échelle mobile, favorable à la culture, dans l'origine, et encore meilleure pour les propriétaires, puisqu'ils ont quadruplé leurs revenus, ne nous paraît pas devoir exister longtemps, par cette raison que les résultats qu'elle devait produire sont obtenus, et que le pivot sur lequel elle fonctionne est usé ou près de l'être. Pour en juger, étudions l'un après l'autre les résultats de chacun des articles de cette loi :

1° L'interdiction des blés étrangers au moment des bas prix en France.

Cet article conçu dans le dessein de faciliter l'agrandissement d'une culture naissante, et d'accroître la valeur du sol en même temps que les revenus des propriétaires, a eu pour effet immédiat l'augmentation des céréales imposée forcément à la population ; mais les conditions précédemment énoncées ont aujourd'hui atteint et même dépassé les limites raisonnables ; cet article ne peut plus produire les mêmes effets qu'autrefois, par la raison qu'alors nous importions toujours et qu'à présent nous exportons ; il a donc fait son temps ; il doit donc prochainement cesser d'exister.

2° L'entrée en franchise, quand les blés valent en France plus de 22 fr. l'hectolitre.

Tout le monde a pu comprendre le but et la portée du premier article, c'est-à-dire l'augmentation de la valeur du sol et du revenu ; mais quant au second, en vain le retournerait-on sur toutes ses faces pour en apercevoir le côté favorable à la France, il n'est possible d'y trouver que des éléments de déficit pour le trésor et de ruine pour le pays. Si en effet, pour protéger la culture indigène, on a grevé d'un droit considérable l'entrée des blés étrangers, c'est évidemment dans la conviction que les détenteurs de ces blés, s'il leur était permis de les entrer en franchise, viendraient constamment encombrer nos ports de céréales, au prix de 12 à 14 fr. l'hectolitre, et qu'en conséquence l'augmentation du sol et des revenus ne pourrait jamais avoir lieu. Partant de ce raisonnement, il est aisé d'admettre que, dans la crainte d'être encombré de blés exotiques, et pour donner à la culture indigène un simulacre de protection profitant seulement au propriétaire, on ait frappé d'un droit prohibitif l'entrée de ces blés ; mais lorsque les blés français ont atteint les prix élevés de 25 à 50 fr., lorsque ces prix permettraient évidemment aux étrangers d'acquitter le droit et d'y trouver encore du bénéfice, supprimer complétement ce droit, et priver ainsi le trésor d'une ressource considérable, voilà certainement ce que l'on n'admettra jamais. Eh ! n'est-ce pas dire aux étrangers : Vous nous offrez des blés à 12 fr. l'hectolitre ; la France n'achète jamais de blés à si bas prix, la loi s'y oppose ; mais de 25 à 50 fr. l'hectolitre, c'est différent, la France achète ; la loi le permet alors sans entrave ni rétribution ? N'est-ce pas encore forcer l'étranger à emporter de France 25, 30, 35 et même 50 fr. pour prix d'une marchandise qu'il aurait été d'abord enchanté de vendre 12 et 14 francs ?

Si donc le premier article de la loi a eu pour effet d'augmenter la valeur des terres et des revenus, le second article a bien certainement pour résultat de priver la France d'une partie de son argent.

2° Pourquoi, avec l'abondance, nos producteurs se ruinent-ils ?

L'abondance est pour nos producteurs une cause de

ruine, parce que la loi sur les céréales (l'échelle mobile) ayant eu pour effet de porter la valeur du sol à
4,000 francs et plus l'hectare, cette plus value est devenue un motif, pour les propriétaires, d'augmenter
d'une manière exorbitante le prix des fermages, et pour
l'Etat, de réclamer un supplément proportionnel d'impôts. De cet accroissement progressif de frais, il est résulté un prix de revient trop élevé, de 15 à 16 francs
l'hectolitre. Lorsque, avec la période d'années d'abondance, vient partout l'encombrement qui fait tomber à
des prix extrêmement bas le cours des céréales, nos producteurs, pour trouver l'écoulement de leurs blés, sont
obligés de les offrir pour l'exportation en Angleterre, et
de les vendre en concurrence avec les froments de l'Amé-
rique, de la Russie, de la Baltique, etc.; pays où les
terres, quoique fertiles, ont peu de valeur, où les impôts
sont légers, où la main-d'œuvre est à bon compte. Les
blés de ces pays, revenant de 8 à 10 francs l'hectolitre,
peuvent être vendus, avec gain, 12 et 14 francs en Angleterre, tandis que le producteur français, dans les
années d'abondance, ne peut se débarrasser de son blé,
qui lui coûte 15 à 16 francs, qu'avec une perte considérable. Si nos producteurs se trouvent dans une position
si précaire, on voit qu'il n'y a nullement de leur faute,
mais qu'ils y sont réduits par une force majeure indépen-
dante de leur volonté; c'est donc à ceux qui, en profitant des bénéfices de la loi, ont rendu fausse la position
de la culture, qu'il appartient de la rendre normale, de
manière que le producteur, en cultivant et récoltant

beaucoup, trouve, au lieu de sa ruine, le fruit et la récompense de ses pénibles travaux.

Telle est, dans les années d'abondance, la position des producteurs et des commerçants ; changera-t-elle dans les années de disette?

Mais avant d'aborder cette question, nous allons essayer d'expliquer pourquoi, après les années d'abondance, on entre toujours dans une période de récoltes ordinaires, souvent terminée par une année de chétive récolte qui occcasionne alors une grande pénurie de grains, quelquefois même une disette. Ces années de récoltes ordinaires sont une conséquence de la ruine de la culture pendant les années d'abondance ; il arrive un moment où le producteur obéré, voyant le cours des grains baisser de plus en plus, abandonne la culture des céréales pour se rejeter sur d'autres plantes d'un produit plus avantageux. Afin de parvenir à se rétablir dans une position normale, il couvre chaque année les terres de plantes épuisantes et néglige tout achat d'engrais, tant il est pressé de se procurer, même au détriment du sol, un argent dont le besoin se fait si vivement sentir. Ainsi, d'un côté, absence d'engrais ; de l'autre, succession de récoltes épuisantes ; le sol ne peut manquer d'aller toujours en s'appauvrissant. Il résulte de ce système non-seulement qu'on a moins de terres ensemencées en blés, mais encore que celles qui sont emblavées, produisent, eu égard à leur appauvrissement, des récoltes de moins en moins fortes. Que les blés confiés à cette terre épuisée viennent alors à être attaqués par une température contraire à laquelle très-souvent se joint le ver blanc, les ravages et les désastres seront d'autant plus graves que le temps le plus favorable aurait pu à peine faciliter une récolte médiocre. Dans de telles conditions, il ne sera jamais possible d'obtenir qu'une récolte chétive et même disetteuse.

Si l'abondance et l'encombrement, en faisant tomber le cours des céréales, obligent à expédier à l'étranger le trop plein de la France; si les récoltes moins fortes, en amenant la pénurie, produisent dans les prix une progression ascendante, on doit en conclure que la culture de France ne se remet, comme on dit vulgairement, sur sol, que dans la période des récoltes ordinaires. Ce résultat n'est assurément pas de nature à pousser l'agriculteur dans la voie des grands sacrifices pour l'accroissement de la production du sol, puisque, dans cet accroissement, il trouve inévitablement sa ruine. Un pareil état de choses n'ayant point de raison d'exister, en ayant mille au contraire pour ne pas être, il faut donc, de toute nécessité, qu'une organisation meilleure et plus juste succède à celle qui donne aujourd'hui des résultats si tristes et si déplorables.

3° De l'année de disette.

Il résulte de nos exportations à l'étranger, de l'épuisement occasionné par la période des récoltes ordinaires, et enfin de nôtre imprévoyance, puisqu'en France nous ne faisons jamais de réserves, que la disette nous prend toujours au dépourvu. Et comme une récolte chétive ne suffit point, à beaucoup près, à la consommation du pays, à peine a-t-on acquis la certitude de cette récolte insuffisante qu'on voit le gouvernement et le commerce s'empresser de courir, sans aucune mesure, acheter des blés à l'étranger. Tout le monde alors s'effraie et veut acheter des céréales, à l'exemple du gouvernement et du commerce; chacun se met en mouvement et il s'établit aussitôt une concurrence dont l'étranger profite adroitement, en faisant subir aux acheteurs une hausse d'autant plus considérable qu'ils sont plus nombreux et que leurs besoins sont plus pressants. En présence de cette progression rapide de la hausse, la peur s'empare de tous les esprits; dans la crainte de mourir de faim, on veut, à tout prix, faire non-seulement un approvisionnement temporaire, mais encore une réserve malheureusement intempestive. C'est cet empressement, auquel chacun prend une part trop active, qui fait monter le cours des céréales à des taux extrêmes et excessifs, ruinant et jetant dans la misère la plus profonde toute la population ouvrière et nécessiteuse qui alors accuse de la cherté, non plus le défaut de récolte, mais le gouvernement lui-même et les personnes qui touchent aux céréales.

Il est inutile d'énumérer ici toutes les absurdités imputées au gouvernement et au commerce de grains, pendant la déplorable campagne de 1846, absurdités imaginées par l'ignorance d'un côté, de l'autre par la malveillance, et telles qu'au moment même où des importations considérables se faisaient par tous les ports de la France, on répandait parmi les masses, d'autant plus dangereuses qu'elles étaient plus ignorantes, la funeste idée que des exportations s'opéraient, au contraire, dans le but d'affamer la population. Sous l'influence de ces inventions mensongères, avidement recueillies par la misère et par la souffrance, le gouvernement fut, pour ainsi dire, mis à l'index, et le commerce de grains se vit en butte à l'exécration du peuple. Des négociants, payèrent même de leur vie, sur certains points de la France, cette cherté des grains qui contribua pour beaucoup, l'année suivante, à la chute imprévue du gouvernement et au départ précipité du roi.

Le tableau de cette année de calamités et de misère a, du reste, été tracé avec des couleurs assez sombres pour que nul ne l'efface de son souvenir, et pour que tout le monde s'emploie, par tous les moyens possibles, à en prévenir à jamais le retour.

Mais, en ruinant les masses, en obérant le trésor public et la fortune des particuliers par des achats à l'étranger, trop considérables et à des prix excessifs, la disette a-t-elle au moins été, pour les fermiers et pour les négociants ruinés par les années d'abondance, une occasion de raffermir leur position ébranlée ?

Commençons par les fermiers.

Ce qui amène la disette dans un pays, c'est nécessairement le manque de récoltes. Le producteur, n'ayant rien à vendre, ne pourra donc pas profiter de l'élévation des prix. Bien plus, il trouvera une nouvelle cause de ruine dans l'obligation où il est, par sa position, de nourrir, pendant l'année calamiteuse, les pauvres de la localité auxquels la cherté des vivres donne, pour ainsi dire, le droit de réclamer la charité publique. Qu'on se figure des groupes de pauvres réunis par centaines, déguenillés, grelotant de froid, mourant de faim, frappant aux portes, la nuit, et demandant du pain, on n'aura point de peine à se représenter le triste tableau de l'épouvante des fermiers que ces lourdes aumônes obèrent et ruinent.

Quant aux négociants en grains que partout on voulait pendre, si l'on en juge par le mal qu'on leur souhaitait, ils ont dû certainement faire des bénéfices énormes et de brillantes fortunes ; malheureusement il y a eu pour eux aussi de terribles et funestes déceptions. Quand leur histoire sera connue, on sera, nous en sommes convaincu, plus disposé à les plaindre qu'à les blâmer.

La récolte ayant été reconnue mauvaise, les commerçants en grains se rendirent à l'étranger, ainsi que nous l'avons déjà dit, pour s'y approvisionner de blés qu'ils achetèrent 20 fr. l'hectolitre, par exemple, et qu'à leur retour en France, ils vendirent 25 fr. Ce bénéfice ne manqua pas de les encourager à renouveler leur excursion ; mais alors l'étranger avait eu connaissance de la mauvaise récolte de la France ; il avait conséquemment augmenté le prix de ses céréales ; et nos acheteurs furent obligés de payer l'hectolitre 25 fr. pour le revendre 30 en France, à leur arrivée. Ainsi continua ce genre d'opérations auquel se livrait, avec une ardeur toujours croissante, tout le commerce, qui reportait à l'étranger, pour un nouvel achat, le bénéfice fait sur l'achat précédent, puisqu'il n'importait à chaque voyage que la même quantité de marchandises. C'était donc, en réalité, l'étranger qui palpait successivement les bénéfices obtenus sur la population française par la vente des blés exotiques. Jusque-là cependant le commerce de grains triomphait; il excitait même l'envie des autres industries, qui se mirent à suivre sa bannière et réalisèrent d'abord de beaux bénéfices Mais de même que la rose a des épines qu'on évite en la cueillant avec précaution, et qui blessent lorsqu'on veut s'en saisir trop précipitamment, de même aussi les négociants en grains rencontrèrent de funestes et cruelles épines : à cette prudence timide des premiers achats, qu'un plein succès avait couronnée, succéda bientôt une ardeur folle et aveugle; on se repentit de n'avoir point doublé, triplé, quadruplé ses premières opérations; on courut, on vola chez l'étranger; on fit des achats considérables à des prix élevés; ce fut une fureur, un délire; on pensait s'ouvrir la route d'une immense fortune; terrible illusion qui ne pouvait tarder à s'évanouir, car le chemin qu'on parcourait à pas si rapides était au contraire celui des déceptions, de la ruine et du désespoir. En effet des achats trop considérables, joints à une réserve intempestive, vinrent contrecarrer et paralyser les cours qu'on avait présumés extrêmes pour les mois de juillet, août et septembre, présomption suffisamment justifiée par une année de disette; de là, une baisse aussi prompte qu'importante; de là, la ruine complète d'un grand nombre des négociants qui, dans cette campagne, touchèrent aux céréales.

Nous espérons que ces explications, auront suffi pour modifier, pour changer même entièrement l'opinion du lecteur, et la rendre bienveillante à l'égard du commerce de grains. On reconnaîtra comme nous que si, dans cette campagne de triste mémoire pour la France, il y a eu des heureux, il fallait les chercher, non sur le sol de cette mère patrie gémissant à la vue de tant de calamités, mais sur le sol étranger où allait s'engloutir l'argent des pauvres et des riches de notre pays en émoi.

Nous marchons donc, le plus souvent, pour les céréales, dans une voie fausse et pernicieuse. Il est temps de chercher à changer ce système vicieux qui enfante tant de misères et de désastres. Dans l'espoir d'atteindre un but si désirable, nous allons entrer dans de nombreuses explications, et exposer le plan d'une nouvelle organisation administrative qui permettra, d'après notre intime conviction, de remplacer en France la gène et la ruine par l'aisance et la prospérité.

DEUXIÈME PARTIE.

Nous avons d'abord à poser les questions suivantes et à les résoudre :

La France doit-elle toujours avoir des récoltes abondantes, supérieures à sa consommation annuelle, et qui

probablement aura le même sort que jadis la grande tour de Babel. Que l'on se rassure ; le mécanisme de notre travail est, au contraire, extrêmement simple et précis ; ses rouages sont à la portée de toutes les intelligences. Après l'avoir lu et étudié, on reconnaîtra, nous en sommes certain, dès le premier point de comparaison, cette différence que la tour de Babel jeta partout la confusion, tandis que de notre travail jaillira la lumière pour la population agricole et industrielle qui, tôt ou tard, ne manquera point d'envelopper tous les abus dans un même arrêt de mort.

Pour sauver le pays, il faut commencer par l'aimer ; si on l'aime sincèrement et surtout avec désintéressement, on aura, pour premier soin, de substituer aux abus les principes d'équité et de justice, les seuls qui soient dans l'intérêt de la société et de l'humanité tout entière. C'est donc par amour pour notre pays que nous avons traité la grande et importante question des céréales, afin de signaler les abus qui s'y rattachent, et d'arriver à une combinaison qui puisse assurer à toute la population de France, et en tout temps, sa nourriture quotidienne, le pain, à un prix à peu près en rapport avec le fruit de son travail.

Pour résoudre ce grand problème, il suffit d'adopter et de mettre à exécution, comme base d'une organisation administrative, les six propositions suivantes, que nous expliquerons l'une après l'autre et dont nous énumérerons successivement toutes les conséquences :

1° Création d'une commission agricole composée des hommes les plus éminents en agriculture théorique et pratique.

2° Elaboration d'une nouvelle loi sur les céréales, ayant pour but de faire des réserves.

3° Suppression de toutes les manutentions militaires de la France, et admission de tous les boulangers à concourir pour les fournitures à faire à la troupe, de pain blanc de 1ʳᵉ qualité, d'après une taxe périodique établie par l'administration municipale de chaque localité.

4° Construction d'étuves adaptées aux magasins des manutentions militaires, devenus magasins de réserve.

5° Adoption d'un nouveau mode de contrôle qui permettra de s'assurer infailliblement de la capacité et de la fidélité des agents chargés de la réception et de la conservation des blés de réserve, dans tous les départements.

6° Mise en pratique, si le cas l'exige, d'une combinaison financière, en vertu de laquelle le gouvernement pourrait, sans faire aucun emprunt, paralyser et empêcher toutes les disettes possibles.

Commission agricole.

Composée d'agriculteurs éclairés, elle sera chargée d'établir, dans un rapport circonstancié, basé sur les frais de toute espèce imposés à la culture, le prix de revient, pour le producteur, d'un hectolitre de blé, dans les années d'abondance (prix que nous supposons être de 16 fr.) Ce rapport servira de base à la nouvelle loi sur les céréales.

Nouvelle loi sur les céréales.

Dans l'intérêt de l'agriculture indigène, il faudra conserver le premier article de la loi actuelle, c'est-à-dire l'échelle mobile qui frappe d'un droit d'entrée les blés étrangers. Mais ce droit devra toujours être perçu, quel que soit le prix des céréales en France. Il importe, puisque l'étranger n'a, pour ses réserves, de débouché qu'en France, qu'au lieu de lui fournir les moyens d'emporter tout l'argent du pays, ainsi que cela arrive dans les conditions présentes, nous lui imposions des limites justes et raisonnables.

La nouvelle loi fixera, sur le rapport de la commission agricole, un prix minimum que nous avons supposé de 16 fr., prix unique auquel le gouvernement devra, par mesure de prévoyance, acheter pour faire des réserves; elle établira de même un prix maximum, soit 25 fr. l'hectolitre, prix également unique auquel le gouvernement sera obligé de vendre les blés qu'il aura primitivement achetés 16 fr. On comprend le double avantage d'une pareille disposition : en forçant le gouvernement à acheter des blés, pour les mettre en réserve, lorsqu'ils sont tombés au prix de revient du producteur, on empêche celui-ci de se ruiner par la vente de ses produits à des prix inférieurs; de même qu'on prévient la ruine et les souffrances de la population en obligeant le gouvernement à vendre, en temps de disette, la réserve au prix unique de 25 fr.

La culture de France sera donc mise à l'abri de tout désastre par cette loi qui lui garantira, pendant les années d'abondance, la vente de ses blés au prix de revient. Or, la culture est la cheville ouvrière de toutes les industries ; il est par conséquent raisonnable de conclure que si la première fait ses affaires, les autres ne peuvent manquer de prospérer, de même que celles-ci ressentent toujours et immédiatement le contre-coup des positions fausses et critiques où peut se trouver la culture. Comme c'est la terre qui produit et nourrit tout, c'est là aussi qu'est évidemment le point de départ de l'argent pour se répandre ensuite dans toutes les mains ; il est donc de la plus haute importance d'arriver à une organisation telle qu'à ce point de départ l'argent ne tarisse jamais, et que l'enchaînement des relations n'éprouve aucune interruption. Tels seraient les résultats atteints par la nouvelle loi, non-seulement en faveur de l'agriculture, mais encore en faveur de toutes les industries en général, puisque l'argent serait toujours en circulation et ne ferait jamais défaut.

Si, dans les années d'abondance, nous obtenons ainsi l'aisance et le bien-être, voyons ce qui arrivera dans les années disetteuses.

Les achats faits par l'Etat, au prix de 16 fr. l'hectolitre, n'auront pas eu seulement pour effet de débarrasser, en temps utile, le fermier de ses récoltes abondantes, et de l'empêcher de se ruiner en allant les vendre à perte à l'étranger ; ils auront eu en outre pour résultat de mettre en réserve, dans les magasins de l'Etat, une quantité de blés suffisante pour remplir le vide d'une année de disette ; alors on viendra en aide à la classe ouvrière et nécessiteuse, en lui vendant ces blés au prix de 25 fr. et le trésor public y trouvera son compte, car il fera, comme nous l'expliquerons plus loin, un bénéfice net de 6 fr. par hectolitre, en même temps qu'il empêchera les blés de monter aux prix excessifs de 35, 40 et 50 fr., comme en 1846, époque fatale où l'étranger, par ses apports de grains à des prix excessifs, a fortement obéré toute la population de la France.

La nouvelle loi aurait donc pour effet immédiat d'empêcher :

1° La ruine du producteur, dans l'abondance ;

2° L'exportation à vil prix de nos récoltes abondantes

qui seraient, au contraire, mises en réserve dans les magasins de la France ;

3° La ruine des masses, dans la disette, et tous les malheurs qui en sont les conséquences ;

4° Enfin, le départ pour l'étranger d'une partie considérable de l'argent de la France, et par suite la ruine générale qui en résulte.

Suppression des manutentions militaires.

Le premier résultat favorable de la suppression des manutentions militaires, serait d'assurer à l'armée une nourriture meilleure et plus saine, par la condition absolue de lui fournir du pain blanc de première qualité, et de mettre fin aux abus qui se sont déroulés successivement depuis que ces manutentions ont été organisées. Notre rôle n'étant point celui de délateur, nous nous abstiendrons de signaler aucun de ces abus, nous nous bornerons à cette seule remarque : Si le gouvernement a changé tant de fois ses modes d'acquisition pour les vivres de la guerre, il faut qu'il y ait été poussé par de graves raisons. Ce n'est pas sans motifs non plus que le pain de munition a été surnommé le pain de punition. Mais sans chercher à approfondir la question, nous pouvons dire, ce qui est incontestable pour tout le monde, que l'administration des subsistances militaires est une administration colossale, excessivement coûteuse, où certainement la surveillance la plus active ne doit point tout voir, et où la comptabilité doit éprouver, dans bien des circonstances, des mécomptes considérables. Par l'adoption de notre système, cette administration si compliquée deviendra tout à coup d'une simplicité extrême, et d'une surveillance d'autant plus facile que l'armée de commis qu'elle occupe aujourd'hui sera réduite à un seul employé ; car toutes les comptabilités des subsistances militaires de la France seront remplacées par une seule, et il suffira d'un employé pour la tenir.

Nous ne donnerons point notre système comme tout à fait neuf ; déjà, sous le ministère de M. le général d'Hautpoul, il a été mis partiellement en pratique. Il consiste tout simplement à faire fournir à l'armée par tous les boulangers des villes où existent des garnisons, du pain blanc de première qualité, payé par l'Etat suivant la taxe périodique de la localité. Chaque boulanger trouvant, par cette combinaison, une forte et bonne clientèle, sans diminution de prix, ni par conséquent de bénéfice, aurait le plus grand intérêt à faire des fournitures convenables, afin de conserver cette clientèle, qu'un réglement sévère lui enlèverait irrévocablement dans le cas où il aurait fourni deux fois du pain de qualité secondaire. On serait donc toujours assuré de procurer aux troupes un pain irréprochable sous le rapport de la blancheur et de la bonté. Les livraisons se faisant sous les yeux de l'intendant militaire, il y aurait là un point de comparaison facile. Du reste, le soldat, si on lui donnait du pain mauvais, saurait bien exiger le pain blanc de première qualité, auquel il aurait droit, et ce fait seul suffirait pour signaler le boulanger en défaut. Rien de plus simple, avec ce système, que la comptabilité du ministère de la guerre, en ce qui concernerait les subsistances militaires : le ministre, sachant combien il y a de soldats dans chaque division, se ferait adresser de chaque département les taxes du pain, et il enverrait ou ferait toucher à la recette générale, par les intendants militaires, la somme juste, centime pour centime, représentant le prix du pain

fourni à l'armée. Un seul employé, chargé spécialement
de ce travail, au ministère de la guerre, pourrait très-
bien, l'on en conviendra, venir à bout de cette comptabilité aussi facile que simple ; et, par cette nouvelle organisation, on mettrait un terme aux anciens abus dont
le retour serait désormais impossible. Afin d'assurer un
approvisionnement suffisant, on pourrait exiger de chaque boulanger le dépôt d'une quantité désignée de
farines ; les réserves d'ailleurs seraient toujours là pour
parer aux éventualités ; et, au surplus, lorsqu'il arrive à
Paris cinquante mille personnes de plus un jour que
l'autre, est-ce qu'elles meurent de faim ? Pourquoi donc
craindrait-on que la troupe ne vînt à manquer de nourriture, quand le boulanger, prévenu d'avance, serait
constamment en mesure. Qu'on soit tranquille à cet
égard : le soldat, pas plus que le civil, ne mourra en
France faute de pain.

Les boulangers étant chargés de la nourriture de l'armée dans toute la France, tous les magasins des subsistances militaires seront libres et disponibles ; le gouvernement les emploiera à recevoir les blés qu'il aura
achetés 16 francs pendant les années d'abondance pour
en faire des réserves. Il existe en outre, dans beaucoup
de localités, des bâtiments immenses sans emploi, appartenant à l'Etat, auxquels il serait très-facile de donner
cette destination. On obtiendrait ainsi dans chaque
département, par la suppression des manutentions militaires, des magasins où les fermiers et les négociants
conduiraient, sans frais de transport, leur trop plein
des années abondantes au prix de 16 francs, et où ils
iraient le reprendre, dans l'année de disette, au prix
maximum de 25 francs. La réserve étant au moins équivalente au manquant d'une mauvaise récolte, il y aurait

donc sécurité pour tout le monde, et l'on serait assuré, dans les plus mauvais temps, de ne jamais dépasser le taux de 25 francs.

A ceux qui objecteraient l'insuffisance des magasins, nous répondrions : De l'aveu de tous, la civilisation européenne, poussée, entraînée par la création de moyens de transport faciles et rapides qui provoqueront avant peu un enchaînement de relations commerciales, devra nécessairement, dans un temps donné, rendre impossibles les guerres de nation à nation. L'effectif de l'armée subira forcément alors une diminution considérable; et l'on pourra convertir en magasins de réserve de belles et nombreuses casernes devenues vacantes et libres. La Providence, à qui n'échappe aucun des secrets de l'avenir, n'a-t-elle pas semblé dire, lors de la construction de ces casernes :

Ces édifices vont, quant à présent, servir à loger des soldats ; mais comme la force morale devra prendre un jour la place de la force matérielle, la civilisation pourra leur donner un emploi plus humanitaire, celui de la prévoyance, afin d'arriver à la vie à bon marché (système déjà proclamé et partiellement mis à exécution par le gouvernement et par les municipalités des villes importantes). Bâtissons donc pour la postérité, et donnons à nos édifices une solidité qui soit en rapport avec leur future destination.

Regardez en effet toutes les casernes de France, et dites-nous s'il serait possible d'établir plus solidement des magasins construits exprès pour recevoir des masses énormes de marchandises.

Il n'y a donc lieu, en aucune façon, de discuter la question de suffisance des magasins.

Installation d'étuves adaptées aux magasins destinés à recevoir les réserves de blés.

Pour garder jusqu'à l'année de disette et vendre 25 francs les blés achetés 16 francs pendant l'abondance, il est indispensable de leur assurer une conservation parfaite. On y arrivera par l'installation des étuves.

Adaptées aux magasins qui appartiennent à l'Etat, les étuves nécessiteraient une dépense peu considérable, si on la compare aux résultats qu'elles sont appelées à donner au pays. L'étuve, mise en pratique chez les étrangers, depuis longues années et avec un succès incontestable, a pour effet sur les grains, de détruire tous les principes humides, fermentescibles et germinaux, et, en cuisant, par l'action d'un degré de chaleur désigné, les œufs des charançons et des vers renfermés dans le grain même du blé, de rendre leur éclosion impossible pendant les chaleurs de l'été. Si l'on donnait à couver à une poule un œuf cuit, n'est-il pas évident que de cet œuf il ne sortirait jamais un poulet?

Rien de plus facile, au reste, que de constater les effets merveilleux obtenus par l'étuve pour l'amélioration et la conservation des blés ; il suffit de visiter l'entrepôt général des grains et farines de la Villette, appartenant à MM. Virez et Cie, et qu'on appelait autrefois entrepôt Thoré. Ce magasin modèle, dont la direction est confiée à l'intelligence et aux connaissances spéciales de M. Boulard aîné, donne une entière satisfaction au commerce, qui y trouve tout ce qui est utile et nécessaire à la conservation parfaite de la marchandise. Les nettoyages et l'étuve y fonctionnent avec tant de perfection qu'ils permettent aujourd'hui aux détenteurs de marchandises avariées par sinistres de navigation, d'éviter une très-grande partie de la perte qu'il leur fallait essuyer autrefois. Les résultats obtenus dans cet établissement sont admirables et du plus haut intérêt.

Les étuves, installées dans tous les départements, présenteront donc encore cet avantage qu'elles seront autant d'établissements de secours pour les détenteurs de marchandises avariées. Elles seraient aussi d'une grande utilité dans les années pluvieuses pour sécher et conserver les grains; enfin leur action pouvant s'exercer sur toute espèce de marchandises, il s'ensuit que leur création deviendrait un bienfait général.

Moyen de contrôle pour les blés mis en réserve.

La loi déterminant elle-même les poids et les prix uniques pour les achats et pour les reventes de blé, point de contrôle à cet égard ; c'est une affaire de simple comptabilité. Mais il n'en est pas de même des déchets et des freintes que des employés infidèles pourraient élever à des chiffres énormes, par suite de la nécessité de garder jusqu'à l'année de disette les blés mis en réserve. La première et la plus indispensable des conditions est donc d'établir un contrôle sérieux, sévèrement organisé pour tout apprécier dans les limites de la vérité. Nous croyons avoir résolu le problème au moyen de l'organisation suivante qui ne permettrait à aucun employé ou agent chargé de la réception et de la conservation des blés, depuis l'achat jusqu'à la vente, de compter et de réclamer plus de déchets qu'il n'en aurait réellement existé.

Les magasins de réserve pour les blés, situés, dans chaque département, au milieu de la culture, recevront sans frais de transport le trop-plein des récoltes abondantes de ce même département. Pour Paris, il n'en sera pas ainsi, puisque les terres, dans un rayon de 12 à 16 kilomètres, sont consacrées presque uniquement à la culture des légumes. Ce sera donc à Paris que devra être établi le contrôle; et des blés qui auront servi à cet usage, on formera, pour l'année de disette, la réserve de Paris. Après avoir évalué la contenance des magasins de la capitale, on fera la répartition du blé que sera tenu de lui fournir chaque département, suivant la production plus ou moins grande de son sol. L'agent chargé d'acheter dans le département, pour le compte de l'Etat, aura ordre d'envoyer au contrôle, à Paris, une quantité désignée de blé, au moment même et dans l'état où on le lui aura livré; plus tard, il fera un second envoi d'une quantité également déterminée de blés; mais ceux-ci auront été étuvés à un degré de chaleur uniformément imposé à tous les départements; ce degré sera naturellement le même que celui qu'on emploiera au contrôle, à Paris.

Après l'arrivée des premiers envois, les inspecteurs et les directeurs du contrôle de Paris (hommes spéciaux) recevront et mettront en couches séparément les blés de chaque département; ils auront ainsi d'abord une appréciation facile de la qualité des achats faits par chaque agent et de la nature des blés de chaque localité. Ces blés seront ensuite soumis à l'étuve du contrôle, au même degré que celui qui aura été imposé aux départements. On comprend qu'il ne peut exister, de cette manière, aucune différence dans les déchets ni dans les évaporations, entre les départements et Paris. Chaque agent ayant son compte ouvert au contrôle, on y inscrira son expédition sous le numéro d'ordre correspondant à celui de la couche, avec indication du déchet de tant pour cent trouvé après le travail de l'étuve.

A la réception des seconds envois consistant en blés étuvés, les inspecteurs et les directeurs du contrôle de

Paris auront l'appréciation du travail fait par l'étuve de chaque département. Après un examen sérieux, ces seconds envois devront, pour éviter la confusion, être mis séparément en couche, à côté des envois primitifs soumis à l'étuve de Paris.

Avec cette combinaison, l'on aura donc à Paris comme moyen de contrôle infaillible :

1° Les blés de chaque département qui permettront d'apprécier la nature des produits de la localité, en même temps que la capacité des agents réceptionnaires.

2° Le passage de ces blés à l'étuve de Paris, et par conséquent la fixation des déchets que devront supporter les mêmes blés soumis à la même opération dans les départements.

3° La mise en couche dans les magasins du contrôle, d'abord des blés de chaque département passés à l'étuve de Paris, puis de ceux passés à l'étuve dans les départements. Comme la vente des blés aura lieu partout dans le même temps, il est évident que les déchets, dans chaque localité, devront correspondre aux déchets inscrits au contrôle de Paris sous le numéro de cette même localité. Dans le cas où les déchets des départements seraient de beaucoup supérieurs aux déchets de Paris, il faudrait nécessairement en conclure que les agents sont incapables ou infidèles.

Mise en pratique de la combinaison financière.

Quoique présentant, ainsi que nous le démontrerons, toute sécurité et toute garantie pour les intérêts de la société, la combinaison financière ne serait cependant mise en pratique qu'à la dernière extrémité. Car, si la France, pendant l'année disetteuse de 1846, a trouvé de l'argent pour acheter du blé à 40 et à 50 fr. l'hectolitre, à plus forte raison en trouvera-t-elle pour faire en temps opportun, au taux de 16 fr., une opération qui non-seulement lui présentera une économie, par hectolitre, de 24 à 34 fr., mais encore la dispensera de faire ce débours au profit de l'étranger, comme cela a toujours lieu dans les années de disette.

Il résulte du tableau d'exportation et d'importation que nous avons placé à la fin de cet ouvrage et dont les chiffres sont officiels, que, dans l'année disetteuse de 1846, pour combler le déficit occasionné par la mauvaise récolte, on a fait entrer en France plus de *douze millions* d'hectolitres de farines ou de blés, au prix moyen de 30 francs; la France a donc laissé sortir au profit de l'étranger *trois cent soixante millions* d'espèces. Nous voyons aussi par le même tableau que notre pays a, depuis quatre ans, exporté neuf millions d'hectolitres, au prix moyen de 14 francs; l'étranger nous a donc, dans ce laps de temps de quatre années, rendu seulement *cent vingt-six millions* d'espèces. La conclusion est facile : en France, le vide produit par une seule année de mauvaise récolte est tel que, pour le combler, il ne faut rien moins que tous les excédants de nos récoltes abondantes. Si l'on compare ensuite les prix de vente pour l'exportation avec les prix d'achat pour l'importation, on y reconnaîtra également pour la France une cause de ruine toujours imminente, puisque, tandis que les neuf millions d'hectolitres exportés n'ont rapporté en France que 126 millions, la même quantité importée a dû coûter en 1846 deux cent soixante-dix millions. Il faut donc évaluer à cent quarante-quatre millions la perte réelle pour 4 ans.

Pour éviter une pareille calamité, il sera sans doute du devoir du gouvernement de donner tout son concours à l'acquisition des blés pour la réserve. Mais il n'aurait à mettre en pratique la combinaison financière que dans le cas où les ressources du trésor seraient obérées ou absorbées par des dépenses impérieuses et imprévues.

La Banque de France n'a obtenu l'autorisation de créer et de mettre en circulation des billets, qu'en donnant au gouvernement, comme garantie, une valeur équivalente à celle des billets à émettre ; elle s'est engagée en outre, par ses statuts, à garder en cave tous les écus provenant de l'émission desdits billets, afin de donner aux porteurs toute garantie et toute sécurité.

Cette sécurité et cette confiance, acquises à juste titre, sont devenues si grandes qu'aujourd'hui chacun préfère les billets de banque aux écus ; et l'administration de la Banque s'est élevée à un tel degré de richesse et de prospérité, qu'elle offre constamment des sommes considérables sur dépôt de marchandises. C'est en raison de ces offres de la Banque, que nous avons conçu l'idée de notre combinaison financière.

Si la Banque de France offre aux particuliers de l'argent sur dépôt de marchandises, nul doute qu'elle ne fasse le même avantage au gouvernement de qui elle tient son installation et son existence. Lorsque les blés, d'après la nouvelle loi, tomberaient, dans les années d'abondance, à 16 francs l'hectolitre, le gouvernement les achèterait donc pour les mettre en réserve dans les magasins de l'Etat, et les offrirait à la Banque en garantie des fonds que celle-ci lui remettrait. Mais, pourra-t-on objecter, il faudra faire des achats considérables pour arriver à mettre, dans tous les magasins des départements, une réserve équivalente au manquant présumé d'une mauvaise récolte ; ces achats devront monter au moins à sept ou huit millions d'hectolitres, si l'on se base sur l'importation trop considérable de douze millions d'hectolitres, faite en 1846, et si l'on considère comme une des plus chétives la récolte de cette campagne, la somme à demander sera en conséquence de cent dix à cent trente millions, et la Banque pourra se trouver gênée par une avance aussi importante. Nous répondrons qu'alors, et même dans tous les cas, le gouvernement dirait à la Banque : Pour rentrer dans vos fonds, et afin que l'Etat n'ait point d'intérêts à servir, affectez au gouvernement, comme garantie, les blés de la réserve sur lesquels vous avez privilége, et vous serez, de même que vous l'avez été dans l'origine, autorisée à créer des billets de banque pour l'importance de la valeur des blés.

Ainsi, la première émission des billets de banqne aura été autorisée sur une garantie équivalente aux billets, et la seconde le sera sur une valeur supérieure, puisqu'elle reposera sur des blés achetés 16 fr., qui ne seront pas vendus moins de 25 et qui le seront d'une manière assurée ; cette seconde émission aura donc une garantie meilleure que la première.

Comme, au moment de la vente des blés à 25 fr. dans l'année disetteuse, la garantie disparaîtrait, le gouvernement aurait alors à rembourser la Banque ; voici ce qui arriverait : il porterait d'abord à la Banque les 16 fr. d'achat par hectolitre, soit tout l'emprunt primitif représenté par les billets qui seraient retirés et détruits au fur et à mesure des remboursements, afin de laisser, le cas échéant, la faculté de recourir à la même opération ; il couvrirait ensuite la dépense de 3 fr. que lui auraient causée les frais d'étuves et les freintes, ce qui porterait à 19 fr. la dépense totale par hectolitre ; enfin il lui resterait un bénéfice de 6 fr., c'est-à-dire la différence entre 19 fr., prix de revient et 25, prix de vente.

Au moyen de cette combinaison, le gouvernement n'aurait point de frais de location, puisque les magasins lui appartiendraient ; il n'aurait point d'intérêts à servir, puisqu'il remplacerait son emprunt par une émission de billets de banque représentant la même valeur ; et il ferait un bénéfice net de 6 fr. par hectolitre sur toute la réserve.

Résumons les avantages que nous croyons devoir résulter de l'ensemble de notre travail :

1° Nous assurons une position prospère au producteur, et par suite à toutes les autres industries de la France, puisque la culture en est la cheville ouvrière.

2° Nous rendons le calme et la tranquillité au commerce des céréales, par un état normal empêchant sa ruine dans les années de grande baisse ainsi, que dans celles d'extrême hausse ; ruine qui l'agite et bouleverse son esprit en viciant presque toujours ses sentiments et ses principes.

3° Nous calmons, nous faisons cesser les haines, les jalousies, les mauvaises passions des masses ouvrières et nécessiteuses, en améliorant leur position, en leur procurant de l'ouvrage, en ramenant leur nourriture quotidienne à un prix toujours en rapport avec le fruit de leur travail.

4° Nous remplaçons dans notre pays la ruine par la prospérité ; puisque la France, n'étant plus contrainte à vendre au dehors ses excédants de récoltes abondantes, ne versera plus bénévolement dans les caisses de l'étranger, ce désastreux tribut de cent quarante-quatre millions qui représente, depuis bon nombre d'années, la différence de prix existant entre des quantités égales de blés exportés et de blés importés ; puisque le gouvernement, après avoir empêché jusqu'à un denier de sortir de France pour achat de céréales, après avoir ainsi prévenu la ruine du producteur dans l'abondance et celle des masses dans la disette, s'assurerait en outre un bénéfice de 6 fr. par hectolitre, soit une somme de quarante-huit millions sur une réserve de huit millions d'hectolitres.

5° Nous offrons à notre glorieuse armée une nourriture plus saine et meilleure, exempte de tous ces mélanges qui étaient le résultat d'un infâme trafic; nous donnons à nos braves soldats qui tiennent dans leurs mains les destinées du pays, un pain blanc de première qualité, qu'à plus d'un titre ils auraient dû toujours manger.

6° Nous procurons à la France, par des réserves qui lui garantiront en tout temps l'existence de tous ses enfants, le calme, le bonheur, la prospérité, dont la réalisation est impossible au milieu des revers, des ruines, de la misère et de la famine.

Si cette première brochure, qui indique les moyens de sauver matériellement la France en lui assurant sa nourriture quotidienne, le pain, est favorablement accueillie par nos concitoyens, nous nous estimerons heureux d'avoir pu contribuer à l'amélioration du sort des ouvriers et des nécessiteux, tout en aidant à la prospérité de notre pays.

La solution de la question matérielle n'étant pour l'homme que la moitié de la vie, nous considérons notre œuvre comme arrivée seulement à moitié chemin. A bientôt donc la solution des grandes et importantes questions d'où dépend le salut moral de la France.

FIN.

TABLEAU

DES EXPORTATIONS ET IMPORTATIONS DES CÉRÉALES

en France de 1827 à 1851.

ANNÉES.	EXPORTATIONS.	IMPORTATIONS.
1827	32,793	59,740
1828	65,743	1,133,970
1829	62,133	1,609,783
1830	2,773	1,936,936
1831	97,713	1,050,216
1832	40,786	4,211,306
1833	40,624	5,302
1834	52,095	442
1835	35,796	422
1836	37,708	220,451
1837	60,301	284,996
1838	296,673	89,298
1839	452,440	1,153,293
1840	15,719	2,111,770
1841	470,468	155,988
1842	538,312	555,786
1843	94,004	2,018,257
1844	105,234	2,463,966
1845	160,021	747,513
1846	26,852	4,809,025
1847	59,298	8,846,315
1848	996,114	1,234,471
1849	1,504,789	4,044
1850	1,965,994	585
1851	5,500,000	»
	12,714,374	34,713,875

PRIX MOYENS DU BLÉ PAR ANNÉE DE 1800 A 1851.

ANNÉES	PRIX.		ANNÉES	PRIX.		ANNÉES	PRIX.	
1800	21 fr.	50	1818	24 fr.	65	1836	16 fr.	37
1801	24	39	1819	18	42	1837	17	47
1802	24	16	1820	19	13	1838	19	31
1803	18	81	1821	17	80	1839	22	49
1804	20	18	1822	15	89	1840	21	98
1805	20	19	1823	17	52	1841	18	34
1806	20	18	1824	16	52	1842	19	65
1807	18	60	1825	15	74	1843	20	17
1808	16	67	1826	14	81	1844	19	04
1809	15	18	1827	18	31	1845	18	93
1810	19	61	1828	22	03	1846	23	86
1811	26	13	1829	22	59	1847	29	38
1812	34	34	1830	21	17	1848	16	36
1813	22	51	1831	22	09	1849	15	25
1814	17	78	1832	22	33	1850	14	26
1815	19	53	1833	16	34	1851	13	78
1816	28	31	1834	14	72			
1817	36	16	1835	14	80			

PRIX MOYENS DU BLÉ PAR MOIS DE 1846 A 1850.

	1846	1847	1848	1849	1850
Janvier.	21 81	29 92	19 28	15 16	14 33
Février.	22 11	33 79	19 18	15 54	14 34
Mars.	22 26	36 90	18 16	15 46	14 04
Avril.	21 64	39 69	15 93	15 34	13 86
Mai.	21 67	39 73	16 31	15 59	13 82
Juin.	22 50	35 39	15 61	15 54	14 12
Juillet.	22 74	29 94	15 40	15 56	13 91
Août.	24 09	24 28	15 14	15 92	14 14
Septembre.	25 02	21 23	15 67	15 14	15 19
Octobre.	26 36	21 63	15 56	14 82	14 93
Novembre.	27 79	20 29	15 20	14 52	14 36
Décembre.	28 48	19 77	14 85	14 42	14 10

Le résumé de ces tableaux indique formellement que la France, terme moyen, ne récoltant pas assez pour nourrir sa population, ne devrait jamais exporter, puisque les capitaux obtenus par la vente des céréales, lors de l'exportation, comparés aux déboursés faits pour les racheter lors de l'importation, présentent un déficit énorme et causent par conséquent une perte immense à tout le pays.

Saint-Denis. — Typographie de PRÉVOT et DROUARD.